NOUVEL
ABÉCÉDAIRE
A L'USAGE
DES PETITS ENFANTS.

A COUTANCES,
CHEZ SALETTES, IMPRIMEUR-LIBRAIRE.

1875.

AUX ENFANTS.

Mes petits Enfants,

Je voudrais qu'il me fût possible de vous épargner des larmes, et de diminuer l'ennui que vous cause le premier livre que l'on met entre vos mains. Pour y réussir, je vous offre ce petit Livre, qui ne contient que peu de mots, et un petit nombre de phrases que vous lirez sans peine et retiendrez aisément. Je prie le Seigneur de bénir mon travail, et de vous faire croître en science, en sagesse et en vertus.

A B C D

E F G H I J

K L M N O

P Q R S T U

V X Y Z.

a b c d e f g
h i j k l m n o p
q r s t u v x y z.

*a c d g h e i j
f l m k n p o q r
s b u t v y x z.*

Z Y X V U T S R
Q P O N M L K J H
G F E D C B A.

SYLLABES.

Ba	be	bi	bo	bu
Ca	ce	ci	co	cu
Da	de	di	do	du
Fa	fe	fi	fo	fu
Ga	ge	gi	go	gu
Ha	he	hi	ho	hu
Ja	je	ji	jo	ju
La	le	li	lo	lu
Ma	me	mi	mo	mu
Na	ne	ni	no	nu
Pa	pe	pi	po	pu
Qua	que	qui	quo	quu
Ra	re	ri	ro	ru
Va	ve	vi	vo	vu
Xa	xe	xi	xo	xu
Za	ze	zi	zo	zu

MOTS
D'UNE SYLLABE.

Dieu,   Non,
Feu,   Nord,
Bon,   Rien,
Bien,   Quand,
Beau,   Voix,
Don,   Vieux,
Droit,   Vent,
Loin,   Vrai,
Lourd,   Vous,
Moins,   Croix,
Mon,   Roi,
Mou,   Voix.

MOTS
DE DEUX SYLLABES.

Jé sus,	Ar che,
Ma rie,	A dam,
Jo seph,	E ve,
Pè re,	Mon de,
Mè re,	Dé mon.
A me,	En fer,
A mi,	En nui,
Tou jours,	Mi nuit,
Ja mais,	Sa voir,
En fant,	Grà ce,
Sa ge,	Bien fait,
A mour,	Heu reux,
Vertu,	Bon heur.

PHRASES A EPELER.

Ce lui qui craint Dieu ho-no re ses pa rents.

L'en fant sa ge est la joie de son pè re.

L'en fant in do ci le est la dou leur de sa mè re.

Le bon Dieu voit tout ce que nous fai sons : il en tend tout ce que nous di sons ; il sait tout ce que nous pen sons.

Il n'y a qu'un seul Dieu en trois per son nes, qui sont le Pè re, le Fils et le Saint-Es prit.

Le Fils, la seconde personne, a pris un corps et une âme semblables aux nôtres. Il est né le jour de Noel. Le Fils de Dieu fait homme s'appelle Jésus-Christ. Il a passé trente-trois ans sur la terre, et il est mort pour expier nos péchés, le Vendredi-Saint. Il a été enseveli et est ressuscité le jour de Pâques.

ORAISON DOMINICALE.

No tre Pè re qui ê tes aux Cieux. Que vo tre nom soit sanc ti fié; que vo tre rè gne ar ri ve; que vo tre vo lon té soit fai te en la ter re com me au Ciel; don nez-nous au jour d'hui no tre pain quo ti dien; et par don nez-nous nos of fen ses, com me nous par don nons à ceux qui nous ont of fen sés; ne nous lais sez pas suc com ber à la ten ta tion, mais dé li vrez-nous du mal.

Ain si soit-il.

LA SALUTATION ANGÉLIQUE.

Je vous sa lue, Ma rie, plei ne de grâ ce, le Sei gneur est a vec vous, vous ê tes bé nie en tre tou tes les fem mes, et Jé sus le fruit de vos en trail les est bé ni.

Sain te Ma rie, mè re de Dieu, pri ez pour nous pau vres pé cheurs, main te nant et à l'heu re de no tre mort.

Ain si soit-il.

SYMBOLE.

Je crois en Dieu le père tout-puissant, créateur du ciel et de la terre, et en Jésus-Christ son fils unique, notre Seigneur, qui a été conçu du Saint-Esprit, est né de la Vierge Marie, qui a souffert sous Ponce Pilate, a été crucifié, est mort, a été enseveli, est descendu aux enfers, le troisième jour est ressuscité des morts, est monté aux cieux, est assis à la droi te de Dieu, le pè re tout-puis sant, d'où il vien dra ju-ger les vi vants et les morts. Je crois au Saint-Es prit, la sain te E gli se ca tho li que, la com mu ni on des Saints, la ré mis si on des pé chés, la ré surrec ti on de la chair, la vie é ter nel le.

Ain si soit-il.

AVIS.

On trouve à la Librairie Ecclésiastique Classique et Elémentaire de SALETTES, rue Tancrède, 14, à Coutances, un grand assortiment de bons Livres; il se charge de faire venir ceux dont il pourrait manquer momentanément.

ALPHABET DU CHRÉTIEN,
DEVOIRS DU CHRETIEN,
EXAMEN DE CONSCIENCE,
CANTIQUES A L'USAGE DU DIOCÈSE,
CANTIQUES DE SAINT-SULPICE,
CANTIQUES DU MOIS DE MARIE,
SEMAINE DE RETRAITE,
PSAUTIER DE DAVID,
VIA CRUCIS OU CHEMIN DE LA CROIX,
PRATIQUE DE L'AMOUR DE DIEU.

Coutances, imp. de Salettes, libraire.

www.ingramcontent.com/pod-product-compliance
Lightning Source LLC
Chambersburg PA
CBHW070437080426
42450CB00031B/2680